LE SOUPÉ

DES

PETITS-MAITRES.

Partie II.   A

LE SOUPÉ

DES

PETITS-MAITRES,

OUVRAGE

MORAL.

SECONDE PARTIE.

A LONDRES.

AVIS

AU LECTEUR.

Pᴇɴᴅᴀɴᴛ la lecture du premier Volume, la Comtesse a eu beaucoup d'humeur. — Pourquoi cela ? Les historiettes qu'il contient, leurs portraits un peu lestes ne seroient-ils pas du goût de la Dame ? — Oh, que si ! Est-elle fâchée que l'Abbé, le Mousquetaire & le Robin aient sacrifié sur des autels indignes d'eux, & qu'ils manquent de délicatesse ? — Oh, que non ! Ce qu'elle a entendu lui a-t-il semblé trop peu piquant, & voudroit-elle qu'on la difpensât de la fuite ? — Au contraire, elle la défire avec le plus vif intérêt. — Ah! parlez donc, & ne nous impatientez point : qu'a-t-elle ? que n'a-t-elle point ? Expliquez-vous. — Vous défirez le favoir ? — Sans doute. — Eh bien, tant mieux ! vous l'apprendrez dans la Poſt-face ; oui, dans la Poſt-face.

LE SOUPÉ.

CHAPITRE PREMIER.

Très-important pour le Commerce.

A Peine la Danseuse fut-elle partie, que nous nous empressâmes de lire le papier que nous lui avions dérobé, il contenoit ce qui suit :

BAIL DE TROIS ANS.

MANON DURU, surnommée la *Petite Joujou*, Danseuse de son métier, d'une part ; & Messire Tout-d'or, ancien Munitionnaire des Armées du Roi, présentement Marquis de.... & autres lieux,

A 4

de l'autre part, convenus & demeurés d'accord de ce qui suit :

S A V O I R ;

Articles proposés par le Monsieur.

ARTICLE I.

M. Tout-d'Or exige, d'après le conseil de son Médecin, que la Petite, avant d'entrer en exercice, aille faire une retraite de six semaines à la campagne, pour y respirer un air sain, & s'y rafraîchir le teint qu'elle a très-échauffé.

Accepté, à condition que M. Tout-d'Or fera une retraite aussi. Je crois que l'air de la campagne lui est aussi nécessaire qu'à moi.

ART. II.

Après son retour, elle n'ira plus souper en ville : comme M. Tout-d'Or l'aime, il craint pour elle les indigestions.

Accepté, pourvu qu'il me soit permis de donner à souper chez moi.

ART. III.

Elle ne prendra pas de ces laquais à taille élégante, qui sont la Fleur le jour, & mon bon ami la nuit. Pour cet effet, ils seront choisis & toisés par Monsieur, & non par Mademoiselle.

Accepté, à condition qu'ils seront robustes, c'est-à-dire, propres à frotter, & en état de résister à la grosse fatigue.

A R T. I V.

Elle renverra sa mere avec une pension, & en recevra une autre de ma main. Les véritables meres sont trop indulgentes.

Accepté. Je pourrai plus décemment donner des coups de poings à l'une qu'à l'autre.

A R T. V.

M. Tout-d'Or se réserve expressément que si ladite Demoiselle devient enceinte, pour se faire une réputation d'honnête fille, les diverses fantaisies qu'elle aura, ne coûteront pas plus de cent écus chacune.

Accepté; mais j'avertis M. Tout-d'Or que je suis très-féconde, & que j'ai des fantaisies fréquentes dans mes grossesses.

Articles proposés par la Demoiselle.

A R T. I.

La Demoiselle, avant d'entrer en charge, veut un appartement sur le Palais-Royal, orné de beaucoup de glaces, de magots, & de canapés surtout, avec un boudoir digne d'elle.

Accordé, à condition que le portier qui gardera la porte du devant & celle du derriere de la maison, sera vieux; que les fenêtres de l'appartement seront élevées, & qu'il n'y aura aucun escalier dérobé.

A R T. I I.

Elle veut avoir un vis-à-vis à sept glaces, avec des chevaux fringans & des harnois pomponés.

Accordé, à condition qu'elle n'ira pas ventre à terre, & ne crevera que deux chevaux par mois.

Art. III.

Pour paroître décemment aux Spectacles, au Boulevard, aux Tuilleries, & faire honneur à son Monsieur, il lui faut nécessairement des diamans; savoir, des girandoles, un esclavage, un ruban, des cornes, une sultane, & une infinité d'épingles, sans préjudice des nœuds & du bouquet de brillans, qui viendront dans la suite; sans quoi la Demoiselle promet à son Monsieur qu'elle aura des vapeurs noires ou couleurs de roses, selon son caprice.

Accordé, à condition que les diamans n'appartiendront à la Demoiselle, qu'après avoir donné des preuves constantes de sa bonne conduite; & pour l'y engager, elle n'aura, la premiere année du bail, que la jouissance des diamans, la propriété de la moitié, après la seconde année, & l'entiere propriété à la fin du bail.

Art. IV.

De plus, elle demande une petite maison, avec un théatre pour y faire la Dame d'importance.

plus, le Monsieur exige grillée dans la salle de Spectacle, & qu'on n'y joue jamais les pieces de l'ennuyeux Moliere. Lorsqu'on fait de la dépense, il faut du moins se distinguer par son bon goût.

Accordé, à condition que la petite maison ne sera ni à Passi, ni à Pantin; l'air y est si vif qu'on y dévore. De qu'il n'y ait pas de loge

Art. V.

Elle prétend pouvoir recevoir à sa toilette, sans

Accordé, en recommandant à la Petite

que le Monsieur s'en scandalise, le petit-Maître qu'elle daignera choisir, pour la prôner dans d'avoir l'œil sur les bijoux.

les foyers ; & le petit Abbé qu'elle chargera de faire des vers en son honneur dans le Mercure, ou de faire des couplets malins contre ses camarades.

A R T. V I.

On lui donnera cinquante billets de parterre à distribuer à toutes les représentations : lesdits billets serviront à la faire applaudir les jours qu'elle dansera ; les autres seront Accordé ; mais lorsque le Monsieur viendra souper avec la Petite, le Cabaleur ira manger à la cuisine.

employés à faire huer ses rivales ; l'on donnera de plus la table & un habit à demi usé tous les ans à un Gredin qu'elle mettra à la tête de sa cabale.

A R T. V I I.

Il lui sera permis d'aller seule chez ses Supérieurs. Accordé sans réplique ; à tout Seigneur, tout honneur.

A R T. V I I I.

On la délivrera de tous les enfans mâles qu'elle aura ; mais on lui laissera les filles, sur-tout si elles sont jolies. Accordé, rien n'est plus juste. Une mere prudente se ménage toujours une poire pour la soif à venir.

Fait double & signé par les deux Parties, l'an de grace, &c.

Quoi ! ce n'est que cela ? s'écrierent

toutes nos Compagnes d'un air furpris;
la Joujou eft bonne d'avoir voulu nous
dérober la connoiffance de fon Traité : il
eft dans la forme ordinaire, & les articles
en font tout-à-fait fimples. J'en ai jadis fait
un pareil, dit la petite Actrice, avec
un Financier, qui lui a depuis fervi de
modele avec trente femmes de condition.

Allons, allons, c'eft encore une imbécille, continua la Diane; mais elle eft
jeune, elle fe formera : revenons à nos
hiftoires. J'ai débité la mienne de bonne
grace ; je veux favoir celle de l'Abbé, du
Chevalier & de mes deux Compagnes.
Rien n'eft plus jufte, dit la Marchande;
& elle parla ainfi.

CHAPITRE II.

L'orgueil humanisé. La mort pour les malheureux n'a rien d'affreux.

J'ÉTOIS si jeune lorsque je perdis le bijou dont vous me demandez l'hiſtoire, que je pourrois facilement en avoir oublié les circonſtances, ſi elles n'avoient un air de particularité qui les a vivement gravées dans ma mémoire.

Figurez-vous que je n'ai que deux luſtres & un an par-deſſus, & que je joue avec un petit eſpiegle du quartier, qui n'eſt guere plus âgé, & qui vient régulièrement tous les jours folâtrer avec moi. Un ſoir, nous voyons un jardin voiſin de notre maiſon entr'ouvert ; nous nous y gliſſons pour voler du fruit : nous approchions d'un pommier, & nous allions remplir nos poches, quand nous entendîmes quelques ſoupirs qui partoient de derriere un treillage.

Avant d'aller plus loin, il eſt bon de dire à qui appartenoit le jardin en queſtion: c'étoit à une très - grande Dame, âgée d'environ ſoixante-dix ans ; mais ſi vaine de ſa condition, que ſes appartemens n'avoient pour ornemens uniques que les portraits de ſes aïeux, auxquels tout le monde, en paſſant, étoit forcé de faire la révérence.

Un laquais ne pouvoit prétendre à l'honneur d'entrer dans ſon antichambre, & de figurer avec ſes gens, s'il n'avoit la gloire d'appartenir à un homme titré. Enfin, elle pouſſoit la vanité ſi loin, que ſes armes étoient gravées juſque ſur ſa béquille.

Vous vous doutez bien que notre ſou-pireuſe eſt la Dame pétrie d'orgueil; mais vous ne devinerez jamais, je gage, le rang du Seigneur qui ſoupiroit avec elle. — Un Prince, ſans doute? — Non, non, — Un Duc ? — Pas tout-à-fait. — Un Marquis, tout au moins ? — Pas en-core. Le petit Seigneur pour lequel elle s'humaniſoit, portoit un habit galonné sur toutes les coutures ; mais les galons étoient de soie ; en un mot, c'étoit Champagne, son laquais. L'Amour bien plus indulgent que M. D....... fait rapprocher tous les états, & ente tout de suite la roture la plus avérée sur la tige la plus illustre.

Le premier soupir avoit fait peur à mon petit camarade & à moi ; un second fit naître notre curiosité, un troisieme l'augmenta : nous approchons, nous écartons doucement quelques feuilles, & nous voyons la Vieille qui mettoit ses titres aux pieds de son vainqueur. « Non » tu ne sens pas toute ta félicité, lui » disoit-elle ; sais-tu qu'il y a nombre » d'honnêtes gens, de personnes de la » premiere qualité qui désireroient le » bonheur que je t'offre, & dont tu » sembles si peu jaloux ? » L'Amant à livrée ne répondoit rien ; mais ses mains s'égaroient, & la Dame trouvant apparemment ses gestes assez nobles, se renversa tout-à-fait sur le gazon, & lui dit: « Cher Marquis, cher Comte, cher

» Prince de mon ame, je t'abandonne ces
» charmes qui n'ont dérogé que pour toi !
» jouis de tous si tu le peux, sinon,
» choisis, & choisis bien. »

Champagne, curieux apparemment de
s'allier à la noblesse, prit une posture
qui nous auroit empêché de voir la Dame,
si nous eussions été plus éloignés. Mais
nous ne perdîmes pas une de ses grimaces,
& nous l'entendîmes bientôt qui disoit,
je me meurs ; Champagne répondit, *je
suis mort ;* & tous deux resterent sans
mouvement.

J'avois été jusqu'à cet instant très-atten-
tive à tous leurs gestes. Aux mots de
je me meurs , je pris la fuite, très-alar-
mée, & fus avec mon petit ami dire à
maman que Madame une telle étoit morte
avec son laquais : nous lui peignîmes les
circonstances de sa mort ; Maman eut toutes les peines du monde à s'empêcher de
rire , puis prenant un air sérieux, elle
nous dit gravement que toutes les fois
qu'une fille ou une femme étoit trop fa-
miliere avec un garçon ou un homme, le
Ciel .

Ciel les puniſſoit par une prompte mort. Quoi ! dis-je, ſi je jouois trop avec mon petit ami, j'en mourrois ? — Sans doute, & lui auſſi. Cette leçon eut pendant quelque tems tout l'effet que ma mere s'étoit promis ; je ne permis plus à mon petit camarade de m'embraſſer : il étoit pour le moins auſſi poltron que moi ; ſi par haſard je lui touchois la main, il crioit, comme un beau diable, qu'il étoit mort ; ma mere jouiſſoit de notre ſimplicité, & s'applaudiſſoit de nous avoir alarmés ; bientôt elle eut tout lieu de s'en repentir : vous allez voir.

Je faiſois avec Lindor (c'eſt le nom de mon petit ami) une partie au volant ; ma mere fut obligée de ſortir, elle nous enferma dans ſa chambre, en nous diſant : « Enfans, ſoyez ſages, gardez-vous ſur-» tout de caſſer quelque glace, autant » vous vaudroit mourir. — N'ayez pas » peur, Maman. » Elle ſort, la partie continue, le volant va, vient ; crac ! j'applique un coup de raquette au milieu d'un miroir, & je le caſſe en mille morceaux.

Je pleure, mon camarade m'imite ; nous voulons prendre la fuite, mais la porte est fermée à double tour : nous nous figurons toujours maman prête à rentrer, nous nous rappellons les paroles qu'elle nous a dites en sortant : Gardez-vous sur-tout de casser quelque glace, autant vous vaudroit mourir : nous croyons la voir furieuse, exécuter sa promesse & nous tuer. Cette crainte fit venir à mon ami l'idée de nous donner nous-mêmes la mort : j'y consentis ; & pour y réussir, nous résolûmes de répéter tout ce que nous avions vu faire à la vieille Dame & à son laquais dans le jardin, jusqu'à ce que mort naturelle s'ensuivit.

Je commençai par m'asseoir à terre ; mon compagnon d'infortune se plaça à côté de moi. Je jouai avec ses cheveux, je lui donnai quelques baisers, comme j'avois vu faire à la Dame, & il me les rendit, à l'imitation de M. de Champagne. Je lui dis ensuite : Commences-tu à mourir ? Non. — Ni moi : voyons, continuons.

Je lui répétai , sans savoir ce que je disois : « Non , tu ne sens pas toute ta » félicité : sais-tu qu'il y a nombre d'hon- » nêtes gens , de personnes de la pre- » miere qualité qui désireroient le bon- » heur que je t'offre , & dont tu sembles » si peu jaloux. » Il promena , comme » M. de Champagne , sa main sous mon mouchoir. Je lui dis : meurs-tu ? — Hélas ! non ; au contraire , je ne fus jamais si éveillé , & moi de même. — Voyons , continuons.

Je me renversai tout-à-fait , & toujours d'après la Dame : je m'écriai , en soupi- rant : « Tiens , cher Marquis , cher Comte, » cher Prince de mon ame , je t'abandonne » ces charmes , qui n'ont jamais dérogé » que pour toi : jouis de tous , si tu le peux, » sinon choisis , & choisis bien. » Meurs- » tu ? — Pas encore. — Ni moi. — Voyons , continuons.

Lindor prit la posture qu'il avoit vu prendre à M. de Champagne ; elle fit quel- qu'effet , il sentit tout de suite un mou- vement extraordinaire qu'il n'avoit jamais

B 2

éprouvé ; j'étois dans le même cas, mon cœur, en s'épanouissant, sembloit vouloir m'échapper : encouragés par le succès, nous nous écriâmes tous deux en même tems : voyons, continuons.

CHAPITRE III.

Mort de la Marchande. Histoire du Chevalier. L'Amour champêtre.

J'AVOIS mieux examiné mes modeles que Lindor ; je lui donnai quelques leçons qu'il exécuta de point en point, & avec tant de succès, que nous sentîmes la mort s'avancer à grands pas. Je perdis presque la voix ? Lindor ne me parla plus que par monosyllabes ; je n'avois que la force de soupirer, à peine avoit-il celle de m'embrasser : ses baisers expiroient sur le bord de mes levres. Nous entendîmes maman qui ouvroit la porte ; nous ramassâmes nos forces pour expirer bien vîte. Ma mere étonnée, nous demanda ce que nous faisions-là : nous lui répondîmes par ce duo..... nous.... mourons..... & nous disions vrai.

Nous perdîmes la voix ,
Et dans le même inftant notre ame fut ravie ;
Mais d'une mort fi douce & fi digne d'envie ,
Que pour mourir encore mille fois ,
Nous reprîmes la vie.

Nous avions de la peine à nous perfua-
der qu'à onze ans la petite Marchande fût
encore ignorante : nous l'accufâmes d'avoir
elle-même fait choix du genre de mort ,
avec quelques doutes fur fon heureux
fuccès : elle nous jura que non , fur fon
honneur ; le ferment nous rendit encore
plus incrédules , quand le Chevalier ,
prenant fon parti , nous dit que la chofe
pouvoit, à la rigueur, être vraie, puifque
lui , Moufquetaire, avoit filé fes premie-
res amours fur le ton de l'églogue : nous
nous récriâmes fur cette fingularité , & il
commença.

Je paffois fix mois de l'année dans les
terres de mon pere. Là, pour toute occu-
pation , j'affaffinois quelques lapins , ou
je lifois de vieux Romans que me prêtoit
ma grand'mere ; l'amour fut m'en pro-

curer un plus agréable, en me faisant voir
les charmes naiſſans de Suſette, c'étoit la
fille de notre Berger.

Elle avoit quatorze ans, ſa figure étoit
intéreſſante, ſa taille bien priſe, une ſim-
ple futaine compoſoit ſa parure; ſon linge
ébloüiſſoit d'abord par ſa blancheur, mais
il ceſſoit de paroître blanc du moment
que ſon mouchoir, entr'ouvert par haſard,
laiſſoit voir quelque échantillon d'une
gorge d'albâtre.

Voir Suſette, l'admirer, brûler pour
elle, la chercher ſans ceſſe des yeux, la
voir même quand je l'avois perdue de vue,
& juſque dans les bras du ſommeil, tout
cela fut pour moi l'affaire de vingt-quatre
heures. Je le lui dis, elle me fit une grande
révérence, & me répondit avec ingénuité:
« M. le Chevalier, vous me faites bien de
» l'honneur; mais tenez, vous me faites
» encore plus de plaiſir. Colas, avec qui
» mon pere veut me marier, me répete
» tout le jour ce que vous venez de me
» dire, mais il m'ennuie autant que vous
» me faites bien aiſe. »

Je remerciai ma chere Sufette. Au portrait que je lui fis de mon amour, elle reconnut le fien, & me l'avoua. Bientôt elle ne fe para plus qu'avec les petits rubans dont je lui faifois préfent, & me donna tous les jours, en échange, un bouquet ; mais, c'étoit tout, & mon ame, enchantée des prefens de la tendre innocence, fe contentoit de régner fur un cœur auffi fimple que délicat. Je craignois de diminuer mon bonheur en altérant fa pureté.

Quelquefois un fimple baifer, à demi volé fur les levres de ma Sufette, m'a fait goûter plus de volupté que tous les emportemens étudiés des beautés les plus à la mode.

En un mot, j'étois le plus heureux des hommes, quand Sufette m'apprit, en fondant en larmes, que Colas avoit obtenu le confentement de fon pere. En effet, la noce fe fit peu de jours après. Je fus contraint d'y affifter, & j'eus le chagrin de voir mon aimable Sufette faire en vain mille efforts pour réfifter à

trois ou quatre vieilles édentées qui l'en-
traînoient, en bavardant, vers la chambre,
de son époux. Quel moment pour elle &
pour moi ! La pauvre enfant avoit l'air
d'une victime qui gémit du sort qu'on lui
prépare. Je crus toute la nuit la voir se
débattre sous le funeste couteau.

Dès ce moment je devins rêveur, mé-
lancolique. Le plaisir & le bonheur s'en-
volerent loin de moi. En vain, pour me
distraire, je fis la guerre aux habitans
des airs & de l'eau ; la félicité de Colas
me poursuivoit par-tout. Je serois mort
de douleur & de jalousie, si je n'avois
juré de me venger de mon rival, dès que
je pourrois me trouver tête-à-tête avec sa
femme.

Un jour que je m'entretenois de cette
agréable idée, qu'elle me jetoit dans
une douce rêverie, & que je savourois
déjà la plus délicieuse des vengeances, je
me trouvai insensiblement dans le vallon
& au milieu des bois qui m'avoient vu si
souvent aux pieds de ma Bergere. Tout,

Partie II.   C

dans ces lieux enchantés, conspiroit à redoubler mon ardeur.

Un jeune ormeau & le lierre qui s'unit à lui en l'embrassant, ne sont aux yeux de l'indifférence que deux foibles arbrisseaux : pour une ame sensible, ils offrent un spectacle bien touchant, qui donne les idées les plus voluptueuses, & fait naître le désir de les réaliser.

Je me plaçai derriere un buisson fleuri pour examiner, sans être vu, la foule des villageois qui, deux à deux, étoient épars dans le bois. Ici, une Bergere, l'amour peint dans les yeux, la crainte & le désir sur le teint, jetoit d'une main tremblante quelques feuilles à son Amant, & couroit se cacher à demi à l'ombre d'un alisier : le Berger la poursuivoit, & la déroboit tout-à-fait à mes regards.

Plus loin, Colin cessoit de jouer du chalumeau pour orner la tête de Colinette avec des fleurs cueillies sous les pas de la Bergere : Colinette en ramassoit pour parer le chapeau de Colin ; bientôt le couple amoureux trouvoit la couronne trop peu digne de leurs vœux, & se couronnoit des fleurs qu'on cueille à Cythere.

Peignez-vous, s'il est possible, la situation d'un jeune homme qui aime, qui est malheureux, & qui est le témoin oisif de tant d'amoureux combats. Le désir entroit dans mon cœur par tous mes sens, quand j'entendis pousser de tendres soupirs derriere moi. Je tourne la tête, & je vois toutes les graces réunies dans une seule personne ; je vois Susette.

CHAPITRE IV.

Fin de l'Histoire de Susette. L'Abbé commence la sienne ; sa premiere déclaration n'a pas un heureux succès. C'est une femme bel esprit qui l'ébauche.

Susette, continua le Chevalier, pleuroit ses malheurs & les miens ; elle étoit sur le bord d'une fontaine, à demi couchée sur le gazon, qui, tout fier d'être mollement pressé par tant d'appas, s'émailloit à chaque instant de mille fleurs nouvelles.

Les larmes que les beaux yeux de ma Susette versoient, couloient doucement sur un teint de lis & de rose, s'arrêtoient dans deux fossettes pour admirer une bouche petite, vermeille & bien coupée, tomboient sur une gorge enchanteresse,

& rouloient avec précipitation fur un cou
d'albâtre , fur deux globes de neige , bien
fâchées de ne pas rencontrer la plus petite
ride pour s'y arrêter quelque temps.

Je pouffai un foupir à mon tour ; ma
Belle , furprife , fe tourna , me vit , fe
leva avec précipitation ; fon vifage fe
peignit , en un moment , de mille couleurs
différentes , elle fit un cri de joie , &
retomba à demi évanouie fur le gazon
qu'elle venoit d'abandonner.

Qu'elle étoit belle dans cet état ! Ses
yeux paroiffoient ne s'être fermés que pour
ne point m'intimider ; fes bras , jetés à
côté d'elle , me difent qu'ils ne m'oppo-
feront plus la moindre réfiftance ; fa bouche , en fouriant , appelle le baifer à fon
fecours.

Guidé , éclairé par l'Amour , j'allois
ranimer les fens de Sufette ; mais j'apperçus , à travers les arbres , fon mari
qui venoit à nous. Je me dérobai à fa
vue , je courus à fon troupeau , je le forçai
de fauter dans une de nos vignes , je joignis
enfuite mon fâcheux avant qu'il fût auprès

de sa femme, je lui reprochai sa négligence ; & tandis qu'il alloit arrêter le ravage que ses moutons faisoient sur mes terres, je volai prendre ma revanche sur les siennes.

Je trouvai Susette qui n'avoit presque point changé d'attitude. Le tems pressoit trop pour l'employer en paroles inutiles ; elle me tendit la main sans me rien dire ; & sans lui rien dire, je lui marquai l'excès de ma joie par la volubilité de mes caresses.

Sa chûte avoit mis son habillement dans un aimable désordre que je me gardai bien de réparer. Oh ! mes amis ! félicitez-moi. Je vous ai dit que le mariage de Susette avoit fait fuir loin de moi le plaisir & le bonheur ; je les retrouvai tous deux assis sur ses genoux.

A moi, s'écria l'Abbé ; comme le caractere de mon Héroïne contraste tout-à-fait avec celui de Susette, il est bon que je raconte tout de suite mon aventure ; c'est le moyen de varier nos tableaux, & d'éviter la monotonie.

J'étois encore dans cet âge d'ignorance

où l'on croit offenser les femmes en leur disant qu'on les aime , & sur-tout en leur demandant une récompense qu'elles brûlent ordinairement d'accorder. Enfin, j'étois encore timide , & mon petit Collet n'avoit pas produit son effet ordinaire.

Un jour que Durval , c'est le nom d'un de mes parens ; un jour , dis-je , que Durval m'avoit conduit à la Comédie Françoise , je vis entrer dans la loge du Roi une grande femme qui me frappa par son air de dignité. Elle salua plusieurs Auteurs qui étoient à côté de nous dans le parquet , & mon cœur sentit un mouvement de jalousie qu'il n'avoit jamais éprouvé : elle fit ensuite à Durval un signe d'amitié avec son éventail , & mon ame rassurée prévit dès-lors , que la liaison de Durval avec la Dame serviroit à me faire nager un jour dans un torrent de délices.

Durval s'apperçut que je jetois plus souvent les yeux sur la loge du Roi que sur le théatre ; il m'en fit la guerre en souriant. Je rougis. « Que tu es simple ! » me dit-il , ne suis-je pas ton ami ? Je

» veux être ton confident & te servir.
» Madame de la Césure est une espece de
» Muse, chez qui tous les beaux esprits de
» Paris se réunissent, & qui en a formé
» plusieurs. Je veux lui demander pour
» toi quelques mois de son tems. J'ai vû
» quelques vers de ta façon assez passa-
» bles, en voilà plus qu'il n'en faut pour
» te mettre en crédit. Demain, pas plus
» tard que demain, je te mene dîner chez
» elle. Je suis ton parent, j'ai de l'expé-
» rience, c'est à moi à te jeter dans le
» monde. »

Durval tint parole, il me conduisit chez Madame de la Césure. Nombre d'Auteurs avoient déjà pris séance. On m'annonça comme un jeune homme qui erroit quelquefois dans le sacré vallon ; je fus reçu avec l'air le plus prévenant par la maîtresse de la maison, & avec la morgue la plus insolente de la part de mes Confreres en Apollon. D'abord je les détestai, bientôt la haute idée qu'ils avoient de leurs productions, le mépris qu'ils témoignoient pour celles des autres, firent succéder la pitié à l'indignation.

On avoit donné la veille une piece nouvelle ; Madame de la Céfure demanda à
fes Convives ce qu'ils en penfoient ; chacun
d'eux en avoit très-fcrupuleufement remarqué les défauts, & pas un n'avoit fait atten-
tion aux beautés. Indigné contre cette façon
de juger , je pris la liberté de leur repré-
fenter qu'on pouvoit décrier la meilleure
piece en ne préfentant que fon côté foible ,
que malheureufement nous n'avions aucun
ouvrage parfait ; tous me regarderent avec
un ricanement préfomptueux , qui fembloit
me dire : « Il y a apparence que Monfieur
» n'a pas lu les miens. »

Dès ce moment , Madame de la Céfure
parut affez contene de moi. Elle me com-
muniqua quelques-uns de fes ouvrages ,
que je ne manquai pas d'élever au-deffus
des productions de l'illuftre Déshoulieres.
Ses bontés augmenterent de jour en jour ,
au point que Durval crut qu'il étoit tems
d'en venir à une déclaration dans toutes les
regles ; je la fis en tremblant ; un regard
fier , mêlé d'indignation , fut la réponfe.

Je me crus ruiné fans reffource dans

l'efprit de ma Déité ; je courus chez mon
Mentor foulager mon cœur, en lui faifant
part de mon malheur. Ah ! l'imbécille,
s'écria Durval, en éclatant. Gageons qu'il
a fait fa déclaration en profe. — Sans
doute. — Tant pis, morbleu ! tant pis !
Ce font des vers qu'il faut à Madame de
la Céfure, ce font des vers ! Un Madrigal
a pour elle la valeur de l'air difcret chez
les Prudes, du patelinage chez les dévotes,
d'une jolie figure ou d'une taille carrée
chez le commun des femmes, & des livres
fterlings chez les filles. Cours vîte monter
Pégafe, pique des deux, pourfuis ta Mufe
fur l'Hélicon, elle ne fuira que jufqu'au
premier bofquet.

CHAPITRE V.

L'Abbé fait des vers ; ils ont quel-
ques succès, mais on exige de
lui des ouvrages plus consé-
quens. Il se dépite, & va offrir
ailleurs le trésor qu'il destinoit
à M^mde. de la Césure.

JE suis l'avis du meilleur des parens
possibles. Je fus rêver dans les allées du
Luxembourg ; il étoit isolé comme à l'ordinaire : j'y vis deux vieilles qui présidoient
gravement aux noces de leurs chiens. Une
Sœur grise, qui tête-à-tête avec un Moine,
marchandoit vraisemblablement de l'eau
des Carmes. Un faquin de Précepteur,
qui, pour avoir l'air d'un Abbé d'importance, faisoit promener son Eleve loin
de lui. Quelques vieux radoteurs, appel-
lés Nouvellistes ; & une fille, encore

fubalterne , qui follicitoit, auprès d'un Suiffe , la permiffion de gagner fon dîner dans un coin du bois. Ces divers objets n'étoient pas en état de me diftraire; auffi eus-je bientôt broché une Epître, dans laquelle je demandois hardiment , en langage des Dieux, les chofes les plus terreftres.

Muni de mes vers , je me préfentai fiérement chez Madame de la Céfure. On me dit qu'elle étoit dans fon jardin; j'y volai. Je la vis dans un berceau délicieux , & qui me parut fait pour difpofer ma Mufe à la reconnoiffance. Le demi-jour qui y régnoit, le parfum qu'exhaloient les fleurs dont il étoit orné , le murmure des feuilles qui le garantiffoient des ardeurs du foleil , les plaintes amoureufes d'une infinité de petits oifeaux qui l'habitoient; tout annonçoit le Dieu de la tendreffe ; tout annonçoit un réduit charmant pour lui offrir des facrifices.

Peut-être le berceau n'avoit-il tant d'attraits à mes yeux , que parce qu'il étoit embelli par la préfence de la beauté que

j'aimois : elle m'y parut auſſi plus ſédui-
ſante que par-tout ailleurs. La Divinité &
le Sanctuaire ſe prêtoient mutuellement
des charmes.

J'admirai quelque tems l'un & l'autre
avant de me montrer. Madame de la
Céſure étoit dans le déshabillé le plus galant. Son pied, extrêmement petit, ſem-
bloit ſe perdre entiérement ſous le nœud
de ruban qui le couronnoit. Un jupon de
taffetas blanc, garni d'un falbala roſe,
laiſſoit voir la moitié d'une jambe ſi fine,
ſi déliée, qu'en peu de tems elle conduiſoit bien loin l'imagination.

Son caſaquin, plus léger que le vent,
découvroit de tems en tems une gorge
arrondie par la main des Graces, ſur
laquelle les Plaiſirs & les Jeux paroiſſoient
ſe rouler voluptueuſement. Dieux ! vous
ſavez où les conduiſoit la plus douce des
pentes ?.... Dans leur ſanctuaire.

Madame de la Céſure, après avoit reſté
quelques inſtans dans une agréable rêverie, prit dans ſa poche les vers qu'on lui
avoit envoyés à ſon réveil. Elle ſe coucha

à demi fur un fopha de bois peint ; quelques rofes baifferent leur tige pour fe
repofer fur fon vifage & fur fa poitrine :
je fus jaloux en même tems des vers, du
fopha & des fleurs ; je m'écriai involon-
tairement : ô Dieux ! quelle eft belle ! &
ce cri m'annonça.

La Dame me reçut d'abord avec fa
dignité ordinaire ; mais voyant mon Epître, elle me fourit affectueufement, & fes
yeux, animés tout de fuite par la tendreffe,
eurent foin de me dire : « Ne foyez pas
» alarmé par la fierté apparente dont je
» m'arme quelquefois : l'amour fait la faire
» difparoître. «

Mes vers furent lus plufieurs fois, &
parurent toujours plus charmans. On me
permit de les faire inférer dans les Journaux, & l'on me parla ainfi : « Mon cher
» Abbé, je fuis franche. Je vous avouerai
» que, du moment que je vous ai vu, j'ai
» pris à vous l'intérêt le plus tendre ; que
» je vous aime enfin : mais vous êtes en-
» touré d'une foule de rivaux, qui tous
» ont des prétentions fur mon cœur. Juf-

» tifiez la préférence que je veux vous
» accorder. Que votre mérite éclate.
» Ofez entrer dans la lice , faites - vous
» imprimer , & triomphez de vos rivaux
» La chofe ne vous fera pas bien difficile.
» L'un fait paroître Melpomene en pet-
» en-l'air ; l'autre fait hurler & larmoyer
» Thalie : on bâille aux Opéra-Comi-
» ques de celui - ci ; on s'endort fur les
» Romans ou les petits Vers de celui-là.
» Publiez un Ouvrage qui prenne un peu
» dans le monde , vous les éclipferez ,
» & je vous reçois Académicien à Cy-
» there. »

O tems ! ô mœurs ! dis-je intérieure-
ment , tout eft corrompu ! tout eft ren-
verfé ! Il faut donc , auprès des femmes ,
faire préfentement preuve de richeffe ,
d'efprit ou de nobleffe , comme pour être
admis dans quelque grande entreprife ,
dans une Société Littéraire ou à Malte.
Hélas ! au bon vieux tems , on n'avoit
befoin d'aucun de ces titres pour entrer
dans le Temple de Gnide , il fuffifoit
d'aimer & d'être honnête.

Je crus, d'après le tendre aveu échappé à madame de la Céfure, qu'en attendant ma réception à l'Académie dont elle venoit de me parler, elle daigneroit m'y agréer, c'eft-à-dire, me faire jouir à peu près des avantages accordés aux Académiciens. Je la conjurai, je dévorai fes belles mains de mes baifers brûlans; mais en vain. Piqué du peu de fuccès de mes levres, j'appellai mes mains à leurs fecours, je les priai de combattre la rigueur de mon ennemie, en la livrant aux défirs. Elles reffemblerent pendant long-tems à celles d'un enfant qui fourrage un parterre, cueille mille fleurs l'une après l'autre, & les abandonne pour voler à une nouvelle. La rofe & les lis devinrent tour-à-tour les victimes de ma témérité. J'agaçai les plaifirs jufque dans leur foyer: hélas! ce fut inutilement. Madame de la Céfure me répondir toujours par une efpece de rondeau redoublé, dont le refrain étoit: *Publiez un Ouvrage qui prenne dans le monde, & je vous fais Académicien à Cythere.*

Je

Je quittai madame de la Céfure d'affez mauvaife humeur, & j'allai prendre l'air aux Thilleries, j'en avois befoin. Ma rêverie me conduifit au Cours-la-Reine, de là à Chaillot. J'allois revenir fur mes pas, lorfqu'on m'appella des fenêtres d'une petite maifon : je regardai, je vis Elvire & Clotilde fa fœur. Tout le monde fait qu'elles ne font pas cruelles ; je m'en félicitai, & je volai dans le deffein de leur offrir l'hommage que je n'avois pu faire accepter à madame de la Céfure. Il me pefoit.

Je dis & je fis en peu de tems mille folies avec les deux fœurs ; elles les prirent fi bien, qu'Elvire fe plaignit d'un grand mal d'eftomac, & pria fa fœur d'aller dans une autre piece chercher une liqueur qu'elle lui nomma. Mais Clotilde dit qu'elle avoit une colique affreufe, & conjura fa fœur d'aller elle-même chercher le remede.

Je vis bien que la colique & le mal d'eftomac avoient la même caufe, & je me propofai d'employer le même élixir pour les guérir.

Partie II. D

La cadette ou l'ainée cédera, me di-
fois-je tout bas. Je m'arrangeois en con-
féquence, quand les deux fœurs commen-
cerent à fe quereller. Elle auroit pu me
voir pâmer, difoit l'une, qu'elle n'auroit
pas fait un pas pour me foulager. Elle
m'auroit vue mourir, continua l'autre,
qu'elle n'auroit pas eu pitié de moi......
Ah! le méchant naturel... Fi, le mauvais
cœur!......

J'étois extrêmement piqué d'avoir perdu à fi beau jeu, & je confeillai ironi-
quement aux deux Dames de ne plus fe
confier leurs maladies. Tout-à-coup le
Ciel s'obfcurcit, les éclairs fillonnerent les
airs, la foudre gronda; il furvint enfin
un orage tel qu'on n'en a jamais vu de
pareil dans aucun Roman, pas même à
l'Opéra.

Bon! vous pafferez ici la nuit, me dit
Clotilde en folâtrant avec moi: nous cou-
cherons dans cette chambre où il y a deux
lits jumeaux, & Fanfan (c'étoit un fils
d'Elvire âgé de huit ans) qui a fon dodo
dans la piece voifine, vous le cédera, il

couchera avec moi. Fanfan répondit qu'il en étoit bien aise , parce qu'il avoit peur des esprits & des sorciers lorsqu'il étoit seul la nuit. Elvire sortit pour donner quelques ordres , elle me serra la main en passant , & me dit tout bas : « Quand » Fanfan est une fois endormi , l'on pour- » roit abattre la maison , qu'il ne s'éveille- » roit pas. »

Ces mots étoient significatifs , cependant je ne compris pas ce qu'ils vouloient dire ; dans ce moment j'étois occupé de Clotilde. Je m'approchai d'elle , & je lui dit en soupirant : Ah ! votre lit sera ce soir bien près du mien ! — Eh bien ! — Si vous vouliez permettre que j'allasse vous parler en secret. — Gardez-vous en bien. — Ah ! cruelle ! inhumaine. — Quelle folie ! Quand je suis dans mon lit , on pourroit m'importer que je ne cesserois pas de dormir ; ainsi , si vous venez me trouver , vous serez bien attrapé , je ne répondrai point.

Elvire rentra en annonçant qu'il falloit vite se coucher , pour ne pas entendre le

tonnerre. Je dis que j'avois befoin de repos ; mon deffein n'étoit pourtant pas
d'en prendre. On fe couche, on fait étein-
dre jufqu'aux bougies de nuit, j'entr'ouvre
ma porte, je tremble, le cœur me bat,
& me voilà retenant mon haleine, mar-
chant fur la pointe du pied dans la chambre des deux fœurs.

CHAPITRE VI.

Deux bonnes fortunes manquées ; comment. L'Abbé revient à Madame de la Césure. Façon de faire un Ouvrage bien vîte, & de le rendre célebre.

JE gagnai, d'un pas mal affuré, le lit de Clotilde : j'entr'ouvris fes rideaux, je lui donnai un million de baifers. Clotilde ne fe fâcha point, parce qu'elle étoit cenfée dormir, comme elle l'avoit ingénieufement projeté. Je fus piqué de fon fang-froid ; je réfolus de prendre un pofte fi avantageux, qu'elle feroit obligée de fe trahir, du moins par quelque gefte ; je m'en emparois en effet ; mais fon lit fe plaignit à plufieurs reprifes, & très-haut, comme s'il n'eût jamais été qu'un lit de repos. Elvire entendit les cris de l'indiscret, & demanda ce qui les occasionoit.

Clotilde feignit alors de s'éveiller en sursaut. « Oh! bon Dieu, dit-elle, que je » viens de faire un vilain rêve ! J'ai songé » qu'un serpent se glissoit dans mes » draps. » Pour cette fois le songe n'étoit pas mensonge.

Je m'éloignai avec précipitation du lit de Clotilde ; j'étois si troublé, qu'au lieu de regagner le mien, j'allai vers celui d'Elvire. Ma main, en tâtonnant, frappa précisément dans la sienne. Elle crut que je la cherchois ; elle m'attira à elle, & m'embrassa sans me dire un seul mot, crainte d'être entendue par sa sœur, ou d'éveiller son fils ; je lui répondois avec un silence aussi éloquent, lorsque Fanfan s'éveilla, tâta, écouta, & s'écria en pleurant : « Ma Tante, venez vîte au secours » de Maman ! Un Sorcier l'étouffe! Elle » ne peut plus respirer. »

La Tante plaisanta sur le prétendu Sorcier ; la Mere parla en grondant du

prétendu serpent ; le fils eut le fouet pour
lui apprendre à avoir peur si mal-à-propos ;
pour moi, je me retirai dans ma chambre,
& , voyant le lendemain que les deux
sœurs avoient malignement résolu de ne
point se séparer, je revins à la Ville, où
mon cœur se tourna encore vers son premier vainqueur.

Je dis à Durval ce que madame de la
Césure exigeoit de moi. « Eh bien, me
» répondit-il, te voilà bien embarrassé ?
» Achete un ouvrage tout fait ; tous nos
» beaux esprits du bel air te donnent
» l'exemple Crois-tu bonnement que ces
» petites Pieces de persiflage, ces Dra-
» mes qu'ils jouent à la campagne, ces
» vers anodins qu'ils sement à tort & à
» travers, soient de leur composition ?
» Quelle erreur ! S'ils sont à eux, c'est
» qu'ils les achetent, ainsi que l'Abbé
» Roquette achetoit ses Sermons : en-
» core en connois-je quelques-uns qui
» ont la lâcheté de frauder les auteurs
» qu'il font travailler. En vérité, cela
» crie vengeance. J'ai été jeune, je sais

» qu'il eft permis, à des gens comme il
» faut, d'efcroquer des Marchands, des
» Filles, & de vieilles Folles ; mais, les
» Auteurs ! fi ; c'eft être bien poffédé du
» démon de l'efcroquerie. Il faut payer
» exactement fon Chirurgien & fon bel
» Efprit, ils peuvent caufer. »

A propos ! s'écria Durval, que ne
mets-tu en ufage l'expédient dont M.***
s'eft fervi pour devenir Auteur tout d'un
coup ? J'ai deux Laquais qui favent écrire,
le tien eft auffi favant ; envoie-les à la
Bibliotheque de ce Financier de notre
connoiffance qui a tant de Livres fi bien
reliés, & qui n'en lit aucun. Nos gens
copieront ce qui tombera fous leur main;
tu rajeuniras tout cela, & tu le donneras
effrontément au Public fous ton nom.
Quand on s'appercevroit de ton larcin,
ta gloire n'en feroit pas diminuée : les
petites filouteries font prefque auffi per-
mifes au Parnaffe qu'autour d'une table
de jeu. Demande plutôt à M. un tel, &
à madame une telle.

Ma pareffe & mon impatience me
confeillerent

conseillerent de suivre l'avis de Durval.
Dans moins de huit jours je me trouvai
possesseur de dix à douze cahiers, qui,
suivant le goût ou la fantaisie de mes co-
pistes, étoient remplis de Sentences,
d'Épigrammes, de Contes, de Chansons,
de petites Épîtres à des Cloés qui n'avoient
jamais existé, d'Histoires Angloises morales
& phisophiques, de Drames même,
parce que mon Laquais les aimoit. Je
fis mêler tout cela ensemble, ce qui
composa un Ouvrage assez considérable.
Il me plut de l'intituler modestement :
mes Caprices.

Il ne fut plus question ensuite que d'employer toutes les coquetteries du Parnasse
usitées pour donner de la célébrité à un
Ouvrage, & je mis en usage les plus
essentielles.

PREMIÉREMENT.

Je fis présent de mon Ouvrage à un
Imprimeur, à condition qu'il me le dé-
dieroit, & que dans une Préface longue

Partie II.   E

& ennuyeufe, felon l'ufage, il me demanderoit pardon de m'avoir fait voler mon Manufcrit après m'en avoir offert en vain une fomme confidérable. Qu'au furplus, il efpéroit que je lui pardonnerois fon larcin en faveur de l'obligation que le Public lui auroit, & du zele avec lequel, &c.

SECONDEMENT.

Je me fis graver à grands frais. Je compofai moi-même les Vers fades qu'on mit au bas de la gravure. Je foutins enfuite avec la derniere effronterie, qu'un ami avoit prêté un de mes Portraits à fon Graveur, & avoit, malgré moi, fait mettre mon Eftampe à la tête de mes Ouvrages.

TROISIÉMEMENT.

Je convins avec l'Imprimeur, pour la gloire de mon Livre, qu'après avoir fait la planche, il en tireroit tout de fuite trois Editions, mais chacune de cent exemplaires feulement : la premiere fur du papier commun , la feconde fur du papier fuperbe , & la troifieme enrichie de vignettes , de culs ou de fonds de lampe , & d'eftampes magnifiques , pour la commodité des Etrangers qui n'entendent pas le François , duffé-je ne paffer que pour un marchand d'images.

QUATRIÉMEMENT.

Je donnois à fouper aux petits Aboyeurs du Parnaffe , qui , d'après mon Cuifinier , me jugerent un homme admirable , divin , incomparable. Auffi , dès le lendemain , les Journaux furent-ils inondés de vers à mon honneur.

Des précautions auffi fages ne manquerent pas d'affurer à mon ouvrage tout le fuccès que je m'étois promis : les favans s'en moquerent ; les fots , qui font en plus grand nombre , m'éleverent au deffus d'Anacréon , d'Horace , de la Fontaine de l'Abbé Prévôt , de la Chauffée. Hélas ? j'étois tout au plus l'égal de ..... de ... de ...

de .... de ..... &c. &c. Affurément, l'on ne peut pas être moins.

Il eft tems que j'aille chez Madame de la Céfure recueillir le fruit de mes veilles, & joindre les myrtes de Cypris aux lauriers d'Apollon. Je vole, on me dit que la Dame eft dans fa bibliotheque : je mets mon ouvrage à fes pieds ; elle fe récrie fur ma facilité : je réponds galamment que m'ayant infpiré , elle ne doit pas en être furprife : je demande avec précipitation la récompenfe de mes peines , & joignant le gefte à l'expreffion , je porte la main fur la couronne des Amans heureux.

Arrête ! arrête donc ! me dit Madame de la Céfure , fongez qu'Apollon perdit Daphné pour l'avoir brufquée ; craignez de me voir fuir comme cette Nymphe. — Ah ! Madame , fouvenez-vous qu'elle s'en repentit ; ne l'imitez pas , de grace, ou du moins , fi vous vous échappez de mes bras , que ce foit pour fuir vers votre lit. — Vers votre lit ! répéta Madame de la Céfure avec dédain. Que vous avez de termes profaïques ! Quoi ! votre nouveau titre d'Auteur , cette bibliotheque , la noble paſſion que vous me connoiſſez pour les vers , rien ne pourra-t-il vous élever au ton poétique ? Pour vous punir , je veux reſter ici , me dit-elle , en ſe plaçant auprès d'un grand *in-folio* , ſur le dos duquel je vis écrit en lettres d'or : *Eſſai ſur la Nature*.

Étonné du caprice poétique de la Dame, je lui dis : La Poéſie a ſes licences , mais celle-ci paſſe les bornes que j'y mets. Je cherchois dans tous nos Poëtes des termes pour la déterminer à abandonner un poſte qui me paroiſſoit très-incommode , quand elle pouſſa du pied un petit reſſort : le prétendu livre ſe déploya , la Nymphe ſe trouva voluptueuſement étendue ſur un Canapé : le bois en étoit ſculpté , & repréſentoit les tendres aventures d'Apollon : on l'y voyoit ſe précipitant dans le ſein de Thétis , & ſe confondant ſi bien avec elle , que les Naïades , en ſoupirant , étoient étonnées de ne pas diſtinguer la Déeſſe d'avec le Dieu.

CHAPITRE VII.

L'Abbé monte son imagination, &c. L'Actrice de Province raconte son histoire.

CE portrait, & plusieurs autres, joints aux charmes de Madame de la Césure, monterent tout-à-fait mon imagination. Dans l'enthousiasme de mon délire poétique, je comparai mon Héroïne, non à une simple Muse, mais au Parnasse même. Elle sourit à la comparaison ; je me hâtai de lui prouver qu'elle étoit juste.

Le trésor que son mouchoir cache ordinairement aux regards de tous profanes, ne sont plus deux globes de neige. Loin de nous toute comparaison si commune ! Je vois, je touche la double colline, je parviens au sommet, j'y domine. La pente agréable du double mont me conduit insensiblement dans le sacré vallon.

Qu'il eſt agréable , & qu'il fait naître de belles idées !

Je prends la route du boſquet enchanté. Qu'il eſt touffu ! qu'il eſt ſombre ! qu'il eſt doux de s'y perdre ! que l'enthouſiaſme qu'il vous inſpire eſt divin !

Enfin , l'Hipocrene , cette fontaine dé-licieuſe , dont l'eau , ou , pour mieux dire , dont le nectar cauſe la plus agréable des ivreſſes ; cette fontaine enchantereſſe s'offre à mes regards. Pégaſe étend les ailes : il devient fougueux ; la ſoif le dévore ; il vole ſe déſaltérer , & le feu qui l'enflamme, ſe communique à la ſource même.

Et à nos ſens , s'écria la Comédienne , tant vous peignez bien , Monſieur l'Abbé. Pour moi , qui n'ai l'honneur d'être ni Poëte , ni Orateur , je vais tout ſimple-ment raconter mon aventure. Je ſuis née dans une petite ville aux environs de Paris. Mes parens étoient des Bourgeois honnêtes , mais pauvres. La Marquiſe de .... qui me trouva un minois revenant , me prit à ſon ſervice. Comme elle aimoit beaucoup la Comédie , qu'elle la jouoit , que je m'acquittois affez bien des bouts de rôles qu'on me confioit, elle me traita avec bonté. Son époux avoit des valets de chambre muficiens ; je devins fa femme de chambre Actrice.

J'avois déjà trois luftres ; je jouois la Comédie depuis un an ; cependant, le croira t-on ? j'étois encore très-novice. L'air de la Capitale, la lecture des Romans, l'exemple de la Marquife me rendirent en peu de tems favante. D'un autre côté, les foucis d'une fille de quinze ans, les efpiégleries du fils de la maifon, qui me donnoient des infomnies, ou qui me revenoient pendant mon fommeil, mes rofes qui difparoiffoient, mon embonpoint qui diminuoit ; tout me confeilloit, avec la plus grande énergie, de joindre à une théorie infipide la plus agréable des expériences, & à me défaire d'un bien dont on ne jouit qu'à mefure qu'on le prodigue.

Un jour qu'à la fuite d'une tendre rêverie, le dépit m'avoit jetée fur un fopha dans les bras du fommeil, je rêvai à mon ordinaire du Marquis ; le défir m'éveilla,

& je vis dans une glace que le désordre de ma parure se sentoit du désordre de mes sens, & l'égaloit presque. Sûrement ce n'est pas peu dire !

Mes cheveux dérangés me donnoient un petit air tout-à-fait mutin ; ma gorge à demi découverte sembloit, en s'agitant, vouloir rejeter tout-à-fait un mouchoir trop importun : la Cour étoit en deuil, & mon jupon laissoit voir, à travers quelques plis un peu trop relevés, un bas noir qui faisoit paroître encore plus mignone ma jambe déjà très-fine : deux travers de doigt d'un genou de neige qui paroissoit à travers un falbala de gaze, contrastoient merveilleusement bien, & fixoient agréablement la vue, sans borner l'imagination.

Je me contemplois avec satisfaction. Je me trouvai intéressante. Mon cœur, agité par l'amour-propre & le désir, souhaitoit que le Marquis pût me voir dans ce désordre séduisant, quand j'apperçus sa figure dans le même miroir. Ses yeux n'avoient pas resté oisifs, aussi pétilloient-ils de la flamme la plus étincelante. Je voulus fuir ;

une de mes mules, en se détachant, m'arrêta dans ma fuite; elle irrita en même tems, par sa petitesse, la curiosité & le désir de mon jeune amant.

Il s'élance, fond sur moi avec l'agilité d'un oiseau, & devient si entreprenant! si entreprenant! que je ne puis, en honneur, m'empêcher de crier. J'allois redoubler; mais le fripon savoit que l'Amour est un enfant: il se ressouvint que dans sa tendre jeunesse on appaisoit toutes ses petites coleres en lui montrant un joujou, & le traître eut recours au même expédient. Ma fierté, ma raison n'avoient déjà plus le petit mot à dire, quand Manon, l'une de mes compagnes, arriva: il étoit tems. Tout, jusqu'à la curiosité, me pressoit de me rendre. J'oubliois les maux qu'elle avoit causés à nos premiers parens, pour me peindre les plaisirs qu'elle procure à leurs enfans.

Manon étoit clair-voyante; elle s'apperçut de ma foiblesse; je lui en fis l'aveu. Cette bonne amie prit part à ma situation; & si elle m'alarma sur le danger qu'on

court avec les hommes, quand on anticipe
fur les droits de l'Hymen, elle me conduifit, dès l'inftant même, fous une charmille, pour m'apprendre l'art de goûter,
fans rifque, des plaifirs volés au célibat.

Notre efpece de converfation étoit inté-
reffante ; Manon étoit bavarde ; je m'apperçus que je ne le ferois pas mal, lorfque
ma langue feroit tout-à-fait déliée ; &
elle auroit duré long-tems, fi nous n'euf-
fions entendu quelque bruit : Manon me
promit de venir la continuer dans mon lit,
lorfque Madame feroit couchée. Le petit
efpiegle de Marquis qui avoit tout vu,
tout entendu, fut y mettre bon ordre.
Vous allez favoir comment. Ah, le fripon.

CHAPITRE VIII.

Attrapez-moi toujours de même....
Cabinet du Robin.

LE jour fuit, la nuit vient, deux heures sonnent, je me couche, j'éteins ma bougie : je suis à peine arrangée dans mes draps, que j'entends fermer la porte de ma camarade, ouvrir la mienne, marcher dans ma chambre : je crois que c'est mon amie ; point du tout ! c'est mon ami, qui a prudemment enfermé sa rivale à double tour, & qui, guidé par le flambeau de l'Amour, vient s'emparer d'une place qu'il doit remplir bien mieux qu'elle.

Une chemise & une coëffe de femme, un manteau de lit, le reste de l'attirail féminin qu'avoit pris la fausse Manon, le mépris avec lequel elle affectoit de parler des hommes, tout contribuoit à prolonger mon erreur. Les traîtres! les perfides! les scélérats! difoit-elle d'une voix baffe, comme pour n'être pas entendue de la chambre voifine : fi tu favois, ma petite, avec quelle indignité l'un de ces monftres a féduit, ou, pour mieux dire, a triomphé de mon innocence. Quoi! tu n'as pas? — Hélas non! je l'ai perdue cette fleur précieufe, qu'on ne peut cueillir qu'une feule fois, & je vais te raconter comment, afin qu'inftruite par mon exemple, tu puiffes conferver la tienne.

Avant d'appartenir à notre Marquife, j'étois à une jeune Provençale, vive, femillante : l'égalité de notre âge, la conformité de nos goûts, le penchant que nous fentions pour le plaifir, la crainte que nous infpiroient fes imprudentes fuites, tout nous rendoit très-intimes amies. La nuit, quand fa maman étoit endormie, elle fe gliffoit dans mon lit, nous nous expofions nos foucis, & nous nous confolions mutuellement.

Jufque - là il n'y avoit pas de mal ;
mais, hélas! cette jeune perfonne avoit
un frere, vif, entreprenant, téméraire,
amoureux : il prit un foir tout l'ajufte-
ment de fa fœur, vint me joindre, &
fit fi bien, que, croyant embraffer ma
jeune maîtreffe, je réchauffai dans mes
bras & fur mon fein le ferpent qui devoit
me piquer.

A peine fut-il dans mon lit, que
le traître appella le défir au bruit des
baifers qu'il cueilloit fur ma bouche
avec autant de rapidité que moi fur la
fienne.

La feinte Manon, ajouta l'Actrice,
eut l'art d'augmenter ma curiofité, &
je lui dis, avec le plus vif intérêt........
Enfuite, qui fit-il ? — Enfuite ? Il porta
la main fur deux globes d'albâtre, qui,
dans ce tems-là, étoient unis, fermes,
charmans, comme ceux que je touche.
Plus d'un fage, en les voyant, avoit fenti
qu'il étoit homme, & avoit chéri fa foibleffe.

Enfuite ? — Enfuite, il les preffa

doucement, ainsi que je fais. Il caressa tendrement leur aimable contour , & sembla vouloir les arrondir encore sous les loix de la volupté.

Ensuite ? — Ses mains & ses levres s'emparerent tour-à-tour , comme les miennes , de deux boutons de rose , & le plaisir les fit épanouir.

Ensuite ? — Oh ensuite, s'écria le Marquis , sans songer davantage à contrefaire sa voix , l'Amour qui applaudissoit à ce jeu, lança son trait , & rencontra la veine du vrai bonheur.

Je ne saurois vous peindre fidellement les sentimens qui m'agiterent dans ce moment. J'étois en même tems & fâchée & charmée ; d'une main je repoussois le Marquis ; de l'autre , je le retenois. Je lui dis , d'une voix étouffée , qu'il me manquoit, que cela étoit fort vilain à lui : « Te manquer , mon enfant, me ré-
» pondit-il ? Oh parbleu ! il n'en sera rien.
» Tiens , voilà pour te convaincre du
» contraire. » En effet, je ne pouvois déjà plus lui faire ce reproche. Il

m'échappa un cri de douleur, j'en pouſſai vingt de joie, & le plaiſir me dicta ce vœu. Oh Dieux ! qu'on m'attrape toujours de même.

Ainſi finit la Comédienne de campagne : la nature de ſon vœu, le moment dans lequel elle l'avoit fait, tout étoit caution de ſa ſincérité. Nous lui demandâmes, s'il avoit été ſouvent exaucé, & nous plaiſantâmes quelque tems ſur nos diverſes aventures, mais froidement. La converſation languit ; les bons mots ne ſe ſuccedent plus avec vivacité ; le Champagne nous ſemble fade ; les charmes mêmes que nous avions tant admirés, commencent à nous paroître très-ordinaires. Profanes que nous ſommes ! nous touchons au ſanctuaire des délices, ſans éprouver la moindre émotion.

Le Préſident s'apperçut du mauvais rôle que nous allions jouer & faire jouer à nos Actrices. Qu'eſt-ce, mes amis, nous dit-il ? le Dieu que nous ſervons, ainſi que Mars, déteſte les

foibles

foibles courages ; l'ignorez-vous ? Venez avec moi dans un champ , où vous retrouverez toute votre valeur. Nous le fuivons : il ouvre une porte fecrete , un cabinet enchanté fe préfente à nos yeux.

Il eft carré , le plafond eft d'un bleu célefte parfemé d'étoiles d'argent ; d'un côté brilloit, quand nous entrâmes , un réverbere taillé en demi-lune , qui réfléchiffoit fur un verre rouge placé vis-à-vis ; de forte qu'on croyoit voir coucher l'amante d'Endimion , & lever l'époufe du vieux Ticon.

Dans chacune des étoiles qui ornent le plafond , font de petits tuyaux imperceptibles , qui diftilent une eau odoriférante ; & ces perles parfumées , en tombant fur des fleurs dont le parquet eft parfemé , imitent affez bien les larmes de l'Aurore , ou les pierreries que cette Déeffe prodigue tous les matins pour embellir nos parterres.

Un fopha qui regne tout au tour , & qui eft extrémement battu , fembloit nous dire à quel usage il étoit destiné ; nous y prîmes place & nous fimes l'éloge de sa commodité.

Le Président, possédé dans cet instant du démon de la propriété, jouissoit du plaisir que nous avions à voir son cabinet, & renchérissant sur les éloges que nous lui donnions : Il est divin ! délicieux ! disoit-il ; mais, parbleu, il me coûte cher ! puisque ne voulant rien avoir de commun, j'ai, avant de le faire construire, parcouru tous les Boudoirs de Paris. Je m'en sais gré. J'y ai puisé une connoissance profonde du cœur humain. Oui ! vous avez beau rire. J'ai voyagé dans les Boudoirs en Philosophe ; & , graces à mes remarques, je connois, en mettant le pied dans un de ces Temples, s'il est consacré à la volupté , aux plaisirs effrénés, ou à l'intérêt.

Vous êtes jeunes, ajouta le Président, après un instant de réflexion ; le sage ne doit faire des découvertes que pour les publier, & les tourner

au bien général : j'ai envie, pour vous
inſtruire, de vous dépeindre quelques-
uns des Boudoirs que j'ai vus. J'obſerverai
de les ranger chacun dans leur claſſe.
Jeuneſſe, je parle, écoute, inſtruis-toi.

CHAPITRE IX.

Des Boudoirs consacrés à la Volupté.

CONSULTEZ toutes-les femmes, elles vous diront que la volupté la plus délicate est leur apanage & leur guide ; mais gardez-vous de les croire sur leur parole, la plupart ressemblent à ces gros mangeurs, qui prétendent n'être que friands.

J'avouerai que j'ai vu très-peu de Cabinets où régnât la volupté toute pure, sans mêlange d'intérêt ou de libertinage ; soit que très-peu de personnes en soient curieuses, soit que les larmes qu'il faut répandre, les soupirs qu'il faut pousser, les beaux sentimens qu'il faut étaler pour y parvenir, ne m'aient pas permis de multiplier mes connoissances.

Souvenez-vous sur-tout, mes chers

amis, de ne chercher des femmes, vraiment délicates, que parmi celles qui font dans les premiers jours de leur printems, ou vers la fin de leur été. Une jeune perfonne, l'imagination remplie des Romans qu'elle a lus dans fon Couvent, & des plaifirs qu'ils ont décrits à fon cœur encore pur, conferve quelque tems l'idée qu'elle s'en étoit faite ; jetée dans le monde, entraînée par fon tourbillon dans un cercle de travers & de ridicules, la frivolité, la folie du jour deviennent fes guides ; elle perd de vue le vrai plaifir, & n'eft ramenée à lui que par la faciété du faux. Je la regarde alors comme ces parafites de profeffion, qui ne fe déterminent à manger, fobrement chez eux, dés alimens falubres & délicats, que lorfque les mets empoifonnés qu'on fert fur la table des Grands & des Financiers, ont délabré leur eftomac.

Le Boudoir de la Préfidente de...... n'a, pour tout ornement, qu'un tableau, repréfentant l'aventure de Léda, & Jupiter métamorphosé en Cygne. Léda, la tête penchée par le plaisir, les yeux à demi fermés par l'amour, presse d'une main le duvet de son Amant; de l'autre elle écrase, sans s'en appercevoir, un tendre roseau, qui, par hasard, s'est trouvé sous ses doigts. Ses levres, encore mieux occupées, pressent le bec de l'oiseau céleste, qui, de son côté, décele presque sa divinité par l'air dont il jouit de son bonheur.

S'il est vrai que les Cygnes chantent mélodieusement à l'heure de leur mort, quel dommage que la Peinture ne puisse pas rendre toutes les idées de la Poésie! Jupiter métamorphosé en Cygne, & expirant d'amour dans les bras de Léda, auroit fait retentir à nos oreilles des sons bien touchans.

Vous ne vous douteriez jamais que la petite Baronne de.... avec son extérieur glacé, eût un réduit amoureux dont elle a tiré tout le parti possible. J'ai eu le bonheur d'y être introduit après six mois

de foins, de foupirs & de larmes. Il eft
tapiffé de myrtes artificiels, fur lefquels
nichent une infinité de ferins; comme on
a eu grand foin de ne leur fiffler que des
airs tendres, ils n'en répetent point
d'autres.

Lorfque ces petits animaux voient paroître leurs maîtreffes, il femble que
l'amour & la reconnoiffance rendent leur
concert plus mélodieux. Quelques - uns
même abandonnent leur chant, & fe réu-
niffent deux à deux pour inviter à la
tendreffe par des exemples frappans.

Ce fpectacle fi fimple, fi naturel,
m'amufa quelque tems, ainfi que l'efpece
d'Idylle que la Baronne adreffa à fes petits oifeaux. « Venez, mes amis, leur
» difoit-elle, oui, je vous aime. Eh!
» qui le mérite mieux que vous? Vous
» êtes tendres, fideles, empreffés, l'in-
» difcrétion n'eft pas un plaifir pour
» vous. » Elle leur ouvrit enfuite une
des cages cachées fous les myrtes. Il
falloit les voir voler, fe difputer le bon-

heur de béqueter doucement les levres de la Baronne. Les plus heureux resterent possesseurs de ce poste agréable ; les autres prirent leur parti, & allerent battre amoureusement de l'aile sur sa gorge.

« Finissez donc, mes chers petits en-
» fans, leur disoit-on avec une vive voix
» entrecoupée, & des yeux clignotans.
» Rentrez dans votre cage, vous allez
» vous tuer. » Mais on n'avoit pas la force de les écarter. Je fus jaloux de leur bonheur, je leur donnai un rival, je demandai la préférence pour lui ; on convint, en le mesurant de l'œil, qu'il la méritoit, & les amans ailés qu'on lui sacrifioit eurent la générosité de chanter son épithalame.

La Marquise de...... fait encore marier à ses plaisirs la simplicité la plus aimable. Elle a pour les fleurs la passion que la Baronne a pour les oiseaux. L'amant le plus séduisant ne seroit pas dangereux pour elle, s'il n'étoit paré d'un
bouquet.

bouquet. Seroit-ce en fa faveur que nos
Petits-Maîtres, même nos jeunes Magif-
trats, font abonnés avec des Bouque-
tieres ?

Un jour que je dînois tête-à-tête avec
la Marquife, elle prit une rofe dont fon
corfet étoit orné, & la mit dans le feau
qui étoit à côté d'elle. À mefure que la
fleur s'épanouiffoit dans l'eau, le cœur de
la Dame s'épanouiffoit auffi. Elle foupira,
fixa la rofe en rougiffant, lui donna un
baifer, & dit avec une voix étouffée &
comme en refpirant : Ah ! c'eft ainfi que
je me figure une femme au moment où
elle renaît dans les bras d'un objet
chéri.

Dès cet inftant même, je devins paf-
fionnément épris de la Marquife ; &
l'amour me la peignit à toute heure du
jour & de la nuit, difputant à la rofe
l'avantage de s'épanouir & de renaître
plus voluptueufement.

Je me parai journellement d'un bouquet énorme, moi qui n'en avoit jamais
porté ; la Marquife m'en fut gré ; peu

à peu elle daigna m'écouter favorable-
ment. Elle m'avoua qu'elle avoit le cœur
fenfible, mais très-délicat, & qu'il lui
étoit impoffible de fe faire aux manieres
brufques de fon mari, que la groffiéreté
accompagnoit jufque dans le fein des
plaifirs. Figurez-vous, me dit-elle, un
Pandoure, qui porte brufquement la
main fur une corbeille de fleurs, en prend
une poignée, les preffe fous fon nez, &
les jette.

Dieux! m'écriai-je avec tranfport,
quoique fur un ton d'églogue, fi la Flore
que j'idolâtre daignoit jamais me confier
la plus petite fleur, je favourerois à
longs traits la volupté de la voir, de la
toucher délicatement, de la couvrir de
mes baifers, d'en éparpiller doucement
toutes les feuilles, l'une après l'autre,
avant de chercher le bonheur dans fon
calice, & la délicateffe même fileroit mes
plaifirs.

La Marquife alloit me répondre, lorfque fon mari entra. Il me perfifla grof-
fiérement fur mon bouquet, & demanda

aussi grossiérement à sa femme si c'étoit en son honneur qu'elle en portoit un jaune. Elle leva les épaules, & sortit en disant entre ses dents : « Ah ! le gros » butor ! qu'il le mériteroit bien ! » Il ne le porta pas loin.

Dès le lendemain je volai chez la Marquise. On me dit qu'elle étoit dans son cabinet : j'entrai ; je fus ébloui, enchanté par la diversité des fleurs dont il étoit orné. Elles frappoient en même tems la vue & l'odorat : la Divinité étoit couchée sur son canapé avec un déshabillé jonquille. Elle avoit fait placer à côté d'elle deux grands vases dans lesquels étoient deux branches d'aubépine, qui formoient un berceau autour d'elle. Le point de vue étoit charmant. Il fit naître à Zéphyr le désir de figurer avec Flore dans la même niche.

Je voulus écarter un des vases, l'on se fâcha : je fus contraint de me glisser entre les branches fleuries. Je ne pus le faire qu'aux dépens de quelques piquûres. Je me préparois à les rendre avec

G 2

uſure à la beauté qui en étoit la cauſe,
lorſqu'une épine pénétra dans mes reins;
mais j'aurois eu mauvaiſe grace à m'en
plaindre, puiſque le mouvement qu'elle
me fit faire tourna au profit de l'Amour:
la Marquiſe reçut le contre-coup.

CHAPITRE X.

Boudoirs des femmes fortes.

J'ENTENDS par femmes fortes, non ces bégueules, qui, fieres de savoir quatre mots de Latin ou de Grec, d'avoir sur-tout nombre de Pédans à leur table, arborent l'étendard de la Philosophie, pour jouer un rôle dans le monde en dépit de leur laideur. Les véritables femmes fortes, selon moi, sont celles qui, favorisées par la nature, ont reçu de ses bienfaisantes mains une ame brû-lante, un cœur de feu : il en est beau-coup, dit-on ; je le crois, mais je n'en connois à fond qu'un très-petit nombre. Pourquoi cela ? allez-vous me demander. Oh ! pourquoi ; parce qu'une fortune ordinaire est bientôt épuisée, si l'on n'a l'art de l'économiser. J'imite ces joueurs prudens, qui, dérangés par quelques fortes parties de cavagnol ou de vingt-un, ne vont plus que dans les maifons où l'on s'amufe d'un petit jeu de commerce.

Madame de......., femme forte, s'il en fut jamais, n'a pas de Boudoir d'hiver, ou, pour mieux dire, il eft partout; dans l'embrafure d'une fenêtre, dans une garde-robe, fur un efcalier; tout lui eft égal. Pour celui d'été, je le connois; & l'on peut dire, à l'éloge de la Dame, qu'il n'eft point faftueux. Il eft tout uniment au bout de fon jardin, dans un labyrinthe de charmille, où elle a fait élever, fur un piédeftal, un Priape de bronze. Elle a, pendant long-tems, imité la fille de Céfar. Elle plaçoit fur la tête du Dieu des Jardins, une couronne, toutes les fois qu'il étoit témoin d'une de fes bonnes fortunes : mais faifant réflexion que la charmille feroit dégarnie continuellement, elle ne lui fait plus hommage que d'une feuille.

Le cabinet de la Marquife de,........ eft auffi de ma connoiffance. Elle y eft peinte en Déjanire ; elle eſt entre les bras d'Hercule. D'une main, elle ſe joue avec l'énorme maſſue du Héros, de l'autre, elle fait ſigne aux cinquante Danaïdes de ſe retirer. Sa fiere contenance ſemble leur dire qu'elle ſeule les remplacera.

La groſſe Comteſſe de..... eſt encore peinte dans ſon cabinet favori. Ce tableau repréſente Vénus à ſa toilette, entourée de Plutus, d'Adonis, de Mars, enfin, de tous ſes adorateurs. Ils ont l'air ſatisfait ; la Divinité ſeule paroît mécontente. Le déſir ſe peint dans ſes yeux, & elle ſe tourne avec vivacité vers Mercure, qui, ſous les traits du Chevalier de...... entre en cachant pluſieurs billets doux.

La Baronne de....... n'a d'autre Boudoir que ſa galerie. Tout le monde ſait qu'à la mort du fameux Maréchal de........ elle a porté dix-ſept jours le deuil, en mémoire d'autant de tendres complimens qu'il lui adreſſa dans douze heures. Auſſi a-t-elle fait mettre au deſſus de son sopha le buste de ce Héros en tout genre. Il porte dans ses mains un cadran, & du bout de sa fleche l'Amour marque cinq. On lit autour, en lettres d'or : *Bel exemple à suivre !*

La Dame faisoit un jour admirer le Maréchal à un Gascon, & la larme à l'œil, ne tarissoit pas sur l'éloge de sa bravoure. Elle montroit le cadran, comme une preuve incontestable. L'habitant de la Garonne essaya de la consoler, & lui promit de surpasser le Héros qu'elle regrettoit. Elle étoit intéressée à soutenir la gloire du défunt, & à rabaisser l'orgueil d'un audacieux : le défi fut tout de suite donné & accepté. Vous vous doutez bien que la Dame gagna ; mais, Dieux ! comment ? Elle triompha si bien, que son front eut à rougir de sa victoire. Elle essuya l'affront le plus cruel ! le plus impardonnable ! Elle s'en plaignit hautement, jura de déshonorer son adversaire, qui lui répondit effrontément : « Madame, » vous aviez quatorze ans quand le Ma- » réchal, aidé de vos charmes & de

» votre jeuneſſe, ſe ſignala ſi bien. Eh !
» donc, tâchez de reprendre vos pre-
» miers atttaits, & vous verrez alors ;
» ſandis ! vous verrez quel homme eſt le
» Chevalier de Ventillac ! Vous avez vu
» jouer le Galant coureur ? Eh bien !
» je reſſemble au Héros de la Piece ; je
» vais bien ou mal, ſelon la beauté du
» terrein. »

CHAPITRE XI.

Boudoirs confacrés à l'intérêt.

OH, pour le coup , nous dit le Préfident , je ne tarirois pas, fi je voulois vous
peindre tous les réduits qui refpirent l'intérêt : j'en ai vu bon nombre : mes créanciers en favent quelque chofe.

Je ne vous parlerai pas des Boudoirs de
ces petites-Filles, qui , pour imiter les
grandes Dames, & afficher des connoif-
fances qu'elles ne poffédent pas, ont la
fureur des livres, des eftampes ou des
coquillages ; l'entrée n'en coûte pas beaucoup, pourvu qu'on arrive avec un livre
bien relié, une image encadrée, une
écaille d'huître tournée finguliérement ;
la Divinité qui, comme je l'ai dit, ne fe
connoît à rien, ne vous chicane pas
fur la valeur réelle de l'offrande, vous

admet à fon culte, & vous ouvre le fanctuaire.

Le cabinet de la petite Mimi eft agréable. Il eft orné de deux tableaux excellens. L'un repréfente la métamorphofe de Jupiter en pluie d'or. On y voit Danaé voluptueufement renverfée fur fon lit, le fein découvert, la bouche & les mains ouvertes pour ne rien perdre des faveurs du Dieu. Le fecond tableau eft la parodie du premier ; Mimi y eft peinte à peu près dans le déshabillé de la fille d'Acrife. Un Milord eft à fes pieds. D'une main, elle lui fait remarquer la brillante métamorphofe du fouverain des Dieux ; de l'autre elle femble ne foulever la toile qui cache les trois quarts de fes charmes, que pour y recevoir les guinées que l'Anglois laiffe tomber. Le cabinet eft joli, comme vous voyez ; mais la vue en eft chere, puifqu'on ne peut y entrer fans imiter Jupiter ou l'Anglois.

Le réduit amoureux de Sophie eft moins gai, mais auffi ruineux. Comme fes dépenfes exceffives ont épuifé fes reffources,

& laffé fes créanciers ; qu'elle a été obligée de fe retirer dans un endroit privilégié , & qu'elle n'ofe en fortir crainte d'être arrêtée, fon cabinet eft tapiffé avec les *Sentences* qu'on a obtenues contre elle. Aucun de fes adorateurs ne peut efpérer de la fléchir, fans avoir au préalable enlevé un des *papiers timbrés* , & fans avoir en même tems payé la fomme à laquelle *ladite Demoifelle a été condamnée par ladite fentence, pour les caufes y portées, fans préjudice des intérêts, frais, dépens, &c.* Je fus contraint, par corps, à payer le mémoire de fon Herborifte ; c'étoit le moindre, il étoit taxé à cent louis : l'article feul du cerfeuil montoit à huit cents livres.

J'ai encore fréquenté chez la fameufe Victoire , & chez fa fœur. Leurs cabinets n'ont rien de merveilleux ; ils peignent cependant bien le caractere des Princeffes. L'ainée eft repréfentée fous la figure d'Attalante, ceffant de fuir fon amant pour ramaffer des pommes d'or. La cadette eft peinte en Baftienne ; elle tient un papier de musique, sur lequel sont écrits en très-gros caracteres & très-lisibles, ces vers que chantoit avec tant de grace la femme de l'Anacréon François :

> A Paris la Richesse
> Se donne à la Jeunesse,
> Et pour en ramasser
> Il ne faut que se baisser.

Le réduit de la Marquise de .... semble d'abord annoncer la volupté seule : ne vous y fiez pas, c'est un imposteur. Il est entouré de glaces, de sorte que la Marquise ne peut faire un geste, sans que ses graces, multipliées à l'infini, ne causent la plus vive des sensations. Deux petits Amours soutiennent les rideaux qui couronnent la niche où est le sopha, mais du petit bout du doigt seulement, & comme pour dire qu'un rien peut les faire tomber. Un troisieme Amour, avec une couronne de myrte à la main, semble vous agacer en vous la présentant. Rien ne seroit plus charmant, si une maudite table de jeu qui figure toujours dans le milieu de ce cabinet délicieux, n'en détruisoit, selon moi, toutes les beautés. Il faut absolument faire la partie de Madame, qui a l'heureuse habitude de gagner presque toujours. Si quelquefois le sort triomphe de son adresse, ses doigts profitent de la distraction que ses beaux yeux vous donnent. Je la surpris un jour qui faisoit tout doucement passer mes fiches de son côté. Je la pris sur le fait; je m'écriai tendrement : Belle main, laissez ma boîte, prenez mon cœur ! Dès ce moment je fus disgracié, & je passai pour un impoli, qui ne connoissoit pas les droits du beau sexe.

Vous connoissez tous la belle Sophie. Quelques personnes la placent au rang des femmes fortes, quelques autres dans la classe des beautés voluptueuses ; pour moi, je sais qu'en femme sensée, elle ne satisfait ses goûts & ses caprices que lorsqu'elle est tranquille du côté de l'intérêt. Ce Dieu regne de préférence dans son cœur, & lui vaut une place dans ce cha-

pitre. Un tableau qui eſt dans ſon Boudoir, & que le Peintre a malignement
imaginé d'après les aventures & le caractere de la Dame, va vous la peindre
entiérement.

Sophie eſt repréſentée devant ſon pupitre pinçant la Guitare ; un Militaire
eſt à ſa droite donnant du Cor ; un petit
Abbé occupe la gauche avec ſa Flûte, &
un Financier eſt vis-à-vis jouant de la
Poche. On lit ſur le haut du papier de
muſique : *Concert à trois.*

Le lourd Midas, qui avoit demandé
à l'Appelle moderne un tableau de fantaiſie, a payé fort chérement celui-ci,
ſans en avoir jamais deviné l'allégorie ; le
Militaire, l'Abbé & la Belle n'ont eu
garde de l'inſtruire.

Oh parbleu ! j'allois oublier le Boudoir
de Roſalie, il eſt aſſez ſimplement décoré ; mais on y voit à côté du meuble
le plus conſéquent, un buſte de carton,
qui repréſente l'Amour vêtu en quinze-
vingt. On n'a pas oublié la petite taſſe ;
tout le monde eſt obligé d'y mettre, ſans

quoi la Prêtreſſe, qui n'eſt pas aveugle comme le Dieu, vous boude.

Il eſt arrivé à ce ſujet une hiſtoire que je vais vous raconter. Le Héros eſt un Suiſſe d'une taille & d'une groſſeur déméſurées. Un jour, au ſortir d'un grand repas, il voit notre belle, pouſſe quelques hoquets en guiſe de ſoupirs, fait bruſquement ſa tendre déclaration; on le conduit dans le cabinet myſtérieux; on lui fait remarquer le petit Dieu; il ſourit de l'idée; on lui montre la taſſe de l'aveugle; il demande pourquoi il la porte: on le lui expſique. Comme il n'entendoit pas le François, on eut toutes les peines du monde à lui faire comprendre qu'à moins de douze louis le petit Dieu ne lui feroit pas favorable.

Le Suiſſe, tout en trouvant que le petit *l'Amour étoit bien cher*, paie ſon poſte, en prend poſſeſſion, y plante l'étendard, & s'y endort. La belle, peu faite à un poids auſſi lourd & auſſi immobile, veut s'en débarraſſer, s'agite de ſon mieux, peſte, crie, menace; peine perdue!

Elle

Elle alloit enfin étouffer, quand l'énorme
masse, en se réveillant, lui adresse ces
paroles : « *Montame, fous point faire tant*
» *de tapage. Moi l'y être perché pour mon*
» *l'argent à moi, moi afoir donné douze louis*
» *à fous pour monter, moi en fouloir le dou-*
» *ble pour moi descendre.* »

Peignez-vous la situation de la pauvre
Rosalie. Intéressée comme l'est la Prin-
cesse, elle ne savoit trop si elle étoufferoit
bravement sous son fardeau, ou si elle
perdroit vingt - quatre louis. Le Suisse
généreux vit son embarras, & se contenta
de la somme qu'il lui avoit donnée. Elle
la lui rendit, bien désespérée de renverser
le proverbe, & d'être obligée de dire, *un*
Suisse & point d'argent. Elle jura dès ce
moment une haine éternelle aux Treize
Cantons. On prétend même qu'elle a
poussé l'animosité jusqu'au point de ca-
baler contre la Tragédie de Guillaume
Tell.

Le Président termina là l'histoire de
ses voyages. Nous examinâmes de nouveau son cabinet. Nous lui donnâmes la

préférence fur tous ceux que fon proprié-
taire nous avoit peints ; nous louâmes
beaucoup fa fimplicité ; le fopha qui l'en-
toure nous parut fur-tout très-commode,
& nos compagnes firent un cri de joie.
Vous en devinez fans doute la raifon ? En
tout cas , vous allez l'apprendre dans le
chapitre fuivant , qui fera le dernier. Du
moins, je l'efpere. Je l'efpere auffi, s'écriera
peut-être quelque lecteur malin. Qui ne
donneroit pas ce bon mot pour toutes les
Epigrammes de Martial ?

CHAPITRE XII.

L'Amour est un futé matois.

LE Cabinet de l'Aurore fit son effet ; nous rajeunîmes comme Titon. Nos Divinités, qui s'en apperçurent, en poufferent, comme je l'ai dit, des cris de joie. Les friponnes se doutoient bien que nous vieillirions de nouveau dans leurs bras.

En effet, nous brûlions tous d'avoir quelque luftre de plus. Le Préfident partageoit nos défirs ; il tira un rideau qui, fervant de nuage à la Lune, mit l'Amour à fon aife : ce Dieu fit, dans l'obfcurité, une ample moiffon, & s'endormit enfin fur les myrtes qu'il venoit de cueillir. Hélas ! il étoit loin de croire que la dévotion viendroit le réveiller.

On fe rappelle fans doute notre aventure chez le Commiffaire. On a vu que nous l'avions plaifanté ; mais après notre départ, comme les Moines connoiſſent tout le monde, celui que nous avions ſi mal-à-propos arrêté dans ſa courſe, donna nos noms & nos demeures ; il obtint à ce prix la liberté de Manon & la ſienne. Le commiſſaire, piqué que nous euſſions oſé rire de la liaiſon amoureuſe qui régnoit entre lui, le moine, Manon, ſa femme, le clerc, la ſervante, ſon valet & le ſergent du guet, fut porter plainte au pere de Perſac.

D'un autre côté, le révérend moine ſe trouvoit le directeur de la vieille parente de notre préſident ; il alla lui dire que chargé, par une de ſes pénitentes, de ſauver l'honneur d'une famille reſpectable, en conduiſant une jeune perſonne, qui avoit fait un faux pas, chez une de ſes parentes, M. de Perſac, accompagné de deux ou trois libertins, l'avoit forcé d'aller chez un Commiſſaire révéler au grand jour la honte de la Demoiſelle déguiſée en Abbé, & qu'il avoit en même tems expoſé ſa démarche, toute honnête, toute charitable, à de malignes interprétations.

Ce n'eſt pas tout. On doit ſe ſouvenir.

encore des menaces de la Danseuse. « Je
» vais, nous avoit-elle dit, parler à des
» personnes qui viendront troubler vos
» plaisirs. » Elle part, guidée par la
vengeance : en traversant le Boulevard,
elle rencontre la Bouquetiere, lui fait part
de ses chagrins & de ses projets, apprend
d'elle le nom de la rue où loge le pere de
Persac, y vole, trouve le vieux Président
& sa parente gémissant tous les deux sur le
sort d'un malheureux jeune homme qui se
damne, leur indique le théatre de ses plaisirs ; ceux-ci montent en carrosse, arrivent,
percent jusque dans le cabinet où nous dor-
mions tranquillement, & dévoilant la lune,
voient nos diverses attitudes. Nous nous
étions presque tous débarrassés de nos robes,
ainsi le tableau ne devoit pas être édifiant.

La petite Marchande, connoisseûse en
bijoux, avoit porté la main du Chevalier
sur les plus précieux. L'Actrice me pre-
noit encore pour charmant. La Diane se
trouvoit dans les bras du Président : elle
vouloit bien faire voir qu'elle étoit la déesse
des bois & de la chasse, puisqu'elle avoit

fa main fur un javelot toujours fûr de fe coups , & l’autre fur le taillis délicieux où fe font les chaffes les plus agréables.

A ce fpectacle , les deux dévots firent plufieurs fignes de croix , & nous éveillerent en nous donnant pieufement à tous les Diables. Nous détalâmes fans dire mot , croyant avoir les deux rabat-joie fur nos pas ; cependant nous avions déjà pris nos habits , qu’ils ne paroiffoient point. Je fuis perdu , s’écria douloureufement le Préfident ; fans doute qu’ils brifent & caffent tout dans mon cabinet. Nous y courûmes , nous regardâmes à travers la ferrure , & nous vîmes qu’au lieu d’en détruire les beautés , ils étoient dans la plus plaifante des extafes.... Ah ! que l’Amour eft fin !

M. le Préfident , difoit la vieille Dévote en touffant , voyez , voyez comme ces maudits renégats , ces libertins , ces infames pouffent la fenfualité jufqu’au dernier point. Refpirez un peu l’odeur fuave que ces fleurs exhalent. Contemplez ce plafond , ce parquet. O Dieux ! quelle imagination diabolique ! Tout en difant cela elle paffoit ses bras dans une des robes que nous avions laissées, & dérangeoit l'énorme perruque du Président en chargeant ses épaules d'un carquois. Que dites-vous, continua-t-elle, de cette parure ? Que le Diable même l'a inventée, répondoit le Président ; elle est tout-à-fait séduisante : je crois vous voir à l'âge de quinze ans. Vous êtes aussi tout-à-fait rajeuni, poursuivoit la vieille Sybille, en soupirant d'une façon plaisamment ridicule.

Eh bien ! s'écria le Président en s'asseyant, ne voilà-t-il pas un malheureux sopha tout-à-fait dangereux ? Voyez comme on l'a fait bas & large ! Reposez-vous-y un instant, vous devez être fatiguée. — Comment ne le serois-je pas ? Le désordres de votre fils m'ont si fort tourmentée toute la journée...... En effet, ce sopha est bien commode ! M. le Président, ce réduit est trop agréable pour des profanes ; il faut l'enlever à votre fils, & nous viendrons nous y recueillir, y faire des méditations. — Oui ; mais si le Diable, accoutumé à y régner, nous y tend quel-

que piege. — Il n'aura garde! Eſt-ce à des
perſonnes d'une ſageſſe ſi bien éprouvée,
qu'il oſera ſe jouer ? Il ſeroit trop certain
de ne pas triompher. — Madame, il eſt
bien malin ! & je ſens qu'il me tente déjà.
Vos charmes, relevés par cette parure,
font ſur moi un effet ſi ſurprenant ! —
Eh ! non, vous dis-je. D'ailleurs, je ſau-
rois bien le repouſſer. Ce ne ſeroit pas la
premiere fois. — Repouſſez-le donc, Madame. Je le ſens, je le vois ; le voilà
triomphant. — Bon ! bon ! vous plaiſantez.
Je voudrois bien voir cela. — Voyez donc !
voyez donc vîte ! Il n'eſt pas beſoin que
vous preniez vos lunettes. — Fi, M. le
Préſident ? Vous êtes un réprouvé, un
pervers ! Finiſſez donc ! Que voulez-vous
faire ? — Succomber à la tentation, c'eſt
un moyen excellent pour n'être plus tenté.
— Vous me ſcandaliſé furieuſement, M.
le Préſident.......... ; mais continuez..........
vous êtes ſi fort poſſédé du Démon, que
vous vous adreſſeriez, peut-être, à quelque mondaine qui ne vous garderoit pas
le ſecret...... cauſeroit du ſcandale..........

&c.

& feroit difparoître votre réputation d'homme pieux...... il faut avoir de la charité pour fon prochain.... Dieu nous l'ordonne. — C'eft très-bien dit ! D'ailleurs. j'ai fait tant de bonnes œuvres, que le Ciel feroit injufte, s'il ne me pardonnoit pas une malheureufe petite foibleffe. Ils fe turent, & prouverent qu'ils avoient effectivement le Diable au corps : ils faifoient des mines de poffédés.

Saturue & Cybele, ridiculement ornés de la parure d'Hébé, font cahin caha une fcene amoureufe ; & l'Amour, qui jadis avoit été très-fouvent bercé fur les genoux de la Dame, s'en éloigne à tire d'ailes, crainte d'y trouver préfentement fon tombeau.

Nous partîmes tous d'un grand éclat de rire, & nous déconcertâmes fi bien les vieux Amans, qu'ils n'ont plus ofé gronder notre aimable Préfident. Nous montâmes en carroffe fans favoir où paffer le refte de la foirée ; il n'étoit que deux heures après minuit. Heureufement il y avoit encore du monde aux Comédiens de Bois : nous y trouvâmes toutes les Femmes dont la Bouquetiere nous avoit raconté l'hiftoire : nous voulûmes les railler ; mais la Danfeufe avoit déjà publié fa vengeance, & nous fûmes fi-bien perfiflés, que nous jugeâmes à propos de nous retirer. En paffant devant la porte de notre Commiffaire, nous y vîmes, à la clarté de nos flambeaux, une femme qui parloit de très-près à un homme : nous ne pûmes diftinguer fi c'étoient la Dame & le Clerc, ou bien la Cuifiniere avec le Laquais ou le Sergent. Nous entendîmes très-diftinctement le Perroquet, qui, dans la journée, ayant fans doute entendu prononcer nos noms très-fouvent, les répétoit en riant de toutes fes forces.

Fin de la Seconde & derniere Partie.

POST-FACE.

LE Préſident s'étoit très-bien apperçu que la Comteſſe avoit eu des diſtractions & de l'humeur pendant la lecture. Il lui demanda ſi l'Ouvrage lui déplaiſoit. « Non , » dit-elle froidement, c'eſt une ba- » gatelle, une petite folie aſſez » drôle. J'aime ſur-tout que l'Abbé , » exact ſur les bienſéances , ait eu » ſoin de ne pas bleſſer les oreilles » par un ſeul mot indécent. C'eſt » mon foible à moi que la décence. » Sans la décence rien ne me paroît » bon. » Pour moi, ajouta le Pré- ſident, je viens de voir dans cet Ouvrage un grand défaut, que je n'avois pas d'abord remarqué. Il m'avoit paru tout-à-fait décousu, & digne de la plume de nos plus grands esprits ; point du tout ! On voit que l'Auteur a visé en secret à l'ennuyeuse symétrie. S'il avoit cette ridicule prétention, que ne ramenoit-il sur la scene Saint-Val & sa vertueuse Epouse ?

Ah ! Persac, s'écria la Dame, laissez, de grace, en paix le perfide Saint-Val & l'infortunée qui est enchaînée à son sort. — Quoi ! Madame, la connoîtriez-vous ? — Hélas ! cette Epouse tendre, sensible, vertueuse, qu'il a oubliée, qu'il a trahie lâchement pour une vile créature. — Eh bien ? — Vous la voyez devant vous. — Est-il possible ? Je vous avoue, Madame, que je ne m'y attendois pas. — Un homme lié, par de saints nœuds, à une femme respectable, qui l'aime, qui l'adore, qui ne vit que pour lui, peut-il se résoudre à lui faire des infidélités dans un pays où elles sont si dangereuses ¿ Et avec qui encore ? Je suis outrée ! furieuse ! Euh le monstre d'ingratitude ! — Ah ! Madame, comme votre conduite fait bien la critique de la sienne. Vengez-vous, Madame, vengez-vous bien vîte ; il le mérite. — Non, laissez-moi, mon cher Persac. N'abusez pas d'un moment où le dépit, la colere me feroient consentir à des choses qui ..... Persac .... Monsieur le Président ..... Persac ...... Monsieur le Président......... que faites-vous ? — Vous le voyez, Madame, je travaille à vous venger....... Vous êtes vengée.

La Comtesse déclama encore contre son Epoux ; le Président la vengea encore. Elle trouva goût à la vengeance, & alloit continuer à se plaindre de son perfide, quand le Président lui dit très-sérieusement : « Madame, je conçois qu'il est » doux à un cœur offensé de se » venger ; mais il est quelquefois » aussi beau de pardonner, » & il disparut. La Dame, peu satisfaite de l'éloquence de son vengeur, fut en chercher des plus déterminés au Waux-Hall. Une honnête femme une fois révoltée, est vindicative comme tous les diables.

N'a pas pourtant une Honesta qui veut.
Belphégor. LA FONTAINE.

TABLE
DES CHAPITRES

Contenus dans la Seconde Partie.

Fin de la Table.